LE CONGO

ET SON APOTRE

Monseigneur AUGOUARD

MONSEIGNEUR AUGOUARD
Évêque de Sinita
Vicaire apotolique de l'Oubanghi

G. RENOUARD

LE CONGO

ET SON APOTRE

Monseigneur AUGOUARD

LIBRAIRIE RELIGIEUSE H. OUDIN

PARIS | POITIERS
10, RUE DE MÉZIÈRES, 10 | 4, RUE DE L'ÉPERON, 4

MGR AUGOUARD

ET

SES MISSIONS DE L'AFRIQUE CENTRALE

Un jour, — c'était pendant la guerre de 1870, — Mgr de Ségur remarqua, parmi les volontaires de l'Ouest, un tout jeune homme dont l'air le frappa. Il reconnut en lui un esprit singulièrement actif, une énergie sans défaillances, des qualités d'endurance, d'initiative et de bonté. L'enfant l'intéressait. Sous le sac du soldat il pressentait le missionnaire. Peut-être devinait-il que ce jeune engagé volontaire, qui couchait dans la neige et supportait allègrement les froids épouvantables de l'année terrible, affronterait plus tard les températures torrides du centre africain. Mgr de

Ségur l'appela, apprit de lui qu'il quittait le petit séminaire de Montmorillon, perçut qu'il y avait là un soldat de Dieu. Il l'emmena au petit séminaire de Séez.

Ce fut le début de la carrière de Mgr Augouard.

Si pénible que fût la séparation, la famille du futur missionnaire l'accepta. Elle devait subir, en d'autres temps, des séparations plus longues et remplies de l'épouvante que provoque, chez les mères, la présence de leurs fils dans les pays inconnus, loin de leur sollicitude prévoyante. Il y eut, en effet, plus tard, des arrachements et tous les déchirements du cœur. Mais il y eut surtout un esprit chrétien et une grandeur d'âme admirables. Si celui qui devait accomplir cette œuvre merveilleuse de la colonisation de l'Afrique centrale partait avec l'enthousiasme de l'œuvre à accomplir, combien furent grands ceux qu'il laissait derrière lui. Ceux qui les connaissent les aiment, ces cœurs simples, ces esprits droits, ces âmes généreuses et vaillantes ! Songeaient-ils alors, ce père et cette mère, qu'en 1894, leur fils, déjà élevé à l'épiscopat, célébrerait leurs noces d'or ? L'avenir ne faisait prévoir que les dangers les plus redoutables ; nul n'aurait osé prédire ce que réservait ce même avenir.

L'abbé Augouard resta deux années au petit séminaire de Séez. De là, il passa chez les Pères du Saint-Esprit, où il termina ses études théologiques. Il fut ordonné prêtre en 1876.

Un an après, on l'envoie au Gabon, comme secrétaire de Mgr Le Berre. Il y est chargé de l'administration et de l'économat, rongeant son frein, et voyant devant lui ces contrées inexplorées de l'Afrique centrale où nul missionnaire n'avait encore pénétré.

Enfin, en 1879, il est désigné pour aller au Congo. Ce n'était alors qu'une simple préfecture apostolique avec le R. P. Carrie, aujourd'hui évêque, comme supérieur. Nulle autorité politique n'existait alors sur la côte, rien de cette organisation coloniale qui excite, en France, un peu de défiance.

Certains administrateurs ont compris cependant le rôle des missionnaires et les ont aidés, autant qu'il leur était possible et qu'il leur était permis. Permis est bien le mot propre. Le gouvernement n'est pas toujours le seul maître. L'évêque de Madagascar, je crois, l'apprit à ses dépens et le procès que lui firent les francs-maçons n'est pas oublié. Dans le Congo français, des influences occultes se font également pressentir. Mais l'entente a plutôt lieu, à charge de revanche. Les missionnaires ne s'y refusent pas et ne ménagent pas leur reconnaissance. Ils savent que les services qu'ils rendent aux délégués de la France sont des services rendus aux Français, et leur exil lointain donne à leur amour de la Patrie cette acuité singulière que nous sentons également dans nos âmes à l'heure des grands dangers. Seulement, là où ils sont, cette surexcitation de la tendresse pour la Patrie est perpétuelle et les dangers sont permanents.

Bref, il n'y avait en 1879, au Congo, que les missionnaires. Les premiers, ils avaient dressé le drapeau français à côté de la Croix. Seuls ils y étaient connus et représentaient la France. Insistons sur ce point : la priorité. Partout, en effet, nous verrons, lors de la pénétration dans le centre africain, Mgr Augouard ou préparant et précédant l'installation politique de la France, ou concourant avec elle, ou passant par-dessus les postes français pour aller au delà établir des missions nouvelles.

Une singulière surprise, cependant, les y avait attendus. Quelques noirs de la côte se réunissaient à des jours correspondant à un dimanche, et, dans leurs réunions, ils récitaient une sorte d'office latin étrangement dénaturé. D'où venait cette tradition ? De qui tenaient-ils ces prières latines ? Pourquoi cette coupure du temps en semaines, chez des noirs où les semaines sont courtes pour donner au repos des jours plus nombreux ? Phénomène remarquable à tous les points de vue. Cette tradition était plus que séculaire. L'idée du Dieu qu'il faut invoquer était restée d'un passage de missionnaires, dont il n'y avait pas d'autres traces. L'homme était passé ; son souvenir avait disparu ; nul parmi les vieillards ne se souvenait d'avoir connu les missionnaires ; personne peut-être de ces mêmes vieillards n'avait entendu parler d'eux par quelqu'un qui les eût connus. Ils n'avaient laissé que la conscience de l'existence du Dieu prêché par eux.

Une seule mission existait alors au Congo — *Landana,* — très pauvre, dénuée de ressources. Le gouvernement ne donnait aucun secours. Quoiqu'elle fût sur la côte, la misère la plus absolue y régnait. Elle se composait de trois Pères du Saint-Esprit et de trois Frères. Ils s'en tiraient comme ils pouvaient, vivotant, et, entre temps, créant une grammaire de la langue indigène, chose peu facile, en vérité. La résidence n'était pas des plus commodes et les rapports avec les noirs étaient délicats. Les noirs, au passage des quelques navires européens faisant escale le long de la côte, avaient acquis plus de vices que de vertus. L'eau-de-vie allemande à quatre sous la bouteille, fût compris, développait outrageusement chez eux l'esprit paresseux et carottier contre lequel l'Européen ne saurait prendre trop de précautions. On sait l'histoire de ce missionnaire nouveau et alors inexpérimenté que le chef de caravane, Makosso, fit passer par des chemins invraisemblables, pour traverser les villages où on faisait le vin de palme et à l'époque où on le faisait. C'est si bon, le vin de palme !

Mgr Augouard fut donc envoyé à *Landana*. Il y resta un an et demi, étudiant la langue indigène et faisant la classe à un petit séminaire fondé dans le but de former un clergé noir. Qu'on ne s'étonne pas. Il ne s'agissait pas de créer immédiatement des prêtres noirs avec la plénitude du sacerdoce. — Cela viendra peut-être plus tard, quand les noirs auront donné les garanties qu'il convient; cela même est venu. — On faisait seulement des catéchistes. Il y avait aussi une sorte d'école normale pour former des instituteurs indigènes. Et tout cela, catéchistes et instituteurs élevés dans l'amour du pays lointain d'où venaient les Blancs qui apportaient avec eux des idées nouvelles de justice et de charité, ce qui n'avait pas toujours lieu de la part des explorateurs et des commerçants.

Mgr Augouard en a su plus tard quelque chose, quand il recevait des coups de fusil — tirés presque à bout portant et destinés à d'autres qu'à lui, — par des noirs exaspérés d'injustices commises à leur égard. Heureusement les noirs tirent mal. Les premiers fusils

qu'on leur a donnés étaient des fusils à pierre.
La poudre, de qualité inférieure, fusait et
brûlait les yeux des tireurs. L'expérience
fut cruelle. Pour éviter de pareils accidents,
même avec des fusils perfectionnés, les noirs
mettent le fusil à la cuisse et tirent en dé-
tournant la tête. Voilà qui amoindrit le
danger, quoiqu'il existe cependant. Ce qui
l'augmente, c'est la façon de charger le fusil.
On y met des débris de fer, voire même des
pieds de marmite. Que voulez-vous que fasse
un pauvre missionnaire qui reçoit un pied de
marmite par le travers du corps, sinon qu'il
en meure ? La Providence a voulu que Monseigneur Augouard ne fût pas atteint, ni
physiquement, ni moralement. Les dangers
qu'il a courus n'ébranlent pas sa mâle vertu,
comme dirait Corneille. Ceux qu'il prévoit
qu'il courra bientôt ne sauraient diminuer la
gaîté courageuse avec laquelle il les envisage.

A cette époque, Mgr Augouard n'était
encore que le Père Augouard.

Pour avoir promené son missionnaire en
dehors de la route habituelle et dans les villages où on pouvait s'enivrer de vin de palme,

Makosso fut destitué momentanément de son titre de chef de caravane et puni d'un mois de prison. La prison consiste à aller couper du bois dans la forêt et à le couper soi-même. Travailler est une punition pour le noir, car le noir ne travaille pas. Il est trop grand seigneur pour cela et fait travailler ses femmes. Il est polygame et a avantage à être le chef moins d'un harem que d'un troupeau de servantes qui sèment, labourent et récoltent pour lui. Pendant que la femme bête de somme, chargée aux jambes de lourds bracelets et au cou d'énormes colliers de cuivre, travaille, le noir dort le jour. La nuit il danse et hurle dans les *tams-tams*,—qu'il aime et où il se précipite, même quand, par hasard, il a travaillé. Que de fois les porteurs de caravane ont oublié leur fatigue du jour pour un tam-tam improvisé sur leur passage ! Le travail est donc une peine et tout est bon pour l'éviter. Makosso l'a bien prouvé un jour qu'il avait reçu des missionnaires un superbe habit de sous-préfet et un gibus dûs à la générosité d'un Poitevin, ami de Mgr Augouard. S'il était glorieux de traverser les villages couvert de son gibus et vêtu de son habit galonné sous lequel passaient ses jambes nues, il était dur de le transporter dans les sentes de la forêt. Makosso fit un marché avec un noir de la caravane, qui consentit à transporter habit et gibus à condition de le revêtir pendant un quart d'heure à chaque village traversé. Ainsi fut dit, ainsi fut fait, et Makosso, montre en main, — une montre de quatre francs cinquante, — suivait pour l'exécution du traité. Le quart d'heure écoulé, l'échange se faisait et Makosso revêtait alors le brillant costume. Depuis son aventure et la punition qui l'a suivie, il est rentré en grâce et il est toujours chef de caravane.

C'est pendant le séjour du R. P. Augouard à Landana que se produisirent, coup sur coup, deux événements qui devaient singulièrement modifier l'état politique de l'Afrique centrale. Stanley présidait alors à la formation de l'Etat indépendant du Congo, et Brazza, remontant le cours de l'Ogoué, avait rencontré par hasard la rivière Alima, qui se jette dans le Congo au-dessous de l'équateur. Il l'avait descendue ainsi que le Congo.

L'Etat indépendant du Congo, qui appartient au roi des Belges, est séparé du Congo français par le Congo et l'Oubanghi. Dans la dernière partie de son cours, le Congo n'est pas accessible à une navigation continue, coupé qu'il est de rapides et de cataractes.

Après avoir parcouru les plateaux intérieurs de l'Afrique centrale, il rencontre, entre ces plateaux et la mer, un pays montagneux et accidenté, qu'il franchit, formant dans son cours inférieur le plus pittoresque et le plus insurmontable des fleuves. A peu près à douze cents kilomètres de la côte, il reçoit l'Oubanghi, qui s'infléchit vers le nord et est également un fleuve capricieux et superbe. Capricieux, parce qu'il a aussi ses eaux calmes, entrecoupées de rapides ; superbe, parce que sa largeur varie entre six et quarante kilomètres. C'est le long de ces fleuves, et sur un parcours de deux mille quatre cent kilomètres à partir de Brazzaville, que Mgr Augouard a établi ses missions. Celle qu'il va fonder en cette année 1895, sera, à peu près, à deux mille neuf cents kilomètres de la côte.

L'inventeur du Congo belge, Stanley, fut

un homme exclusif. Sa conquête du pays noir, loin d'ouvrir un pays nouveau au zèle des missionnaires, le leur ferma. Dans ses traités avec les chefs, ceux-ci s'obligeaient à s'opposer au passage des *intrus, à quelque nationalité ou couleur qu'ils appartinssent.* L'effet de ces traités se fit sentir immédiatement. Le Congo belge est devenu, dans les mains de celui qui le possède actuellement, une sorte d'exploitation domaniale, et s'il était permis de raconter tous les bruits qui nous en arrivent à travers les océans, on serait épouvanté par le récit des excès auxquels se livre la brutalité des blancs vis-à-vis des noirs. Cela se dira, peut-être, plus tard, et il y a lieu d'attendre.

Brazza, descendant le Congo, avait rencontré les missionnaires de Landana. Ceux-ci comprirent de suite tout l'avantage qu'il y aurait pour la religion et pour la France à s'établir au cœur de l'Afrique. Le R. P. Augouard fut désigné pour faire un voyage d'exploration. Ses vœux, son désir, son rêve d'évangélisation allaient donc être réalisés.

C'était *la première entreprise* de ce genre

Une caravane au Congo, d'après une photographie.

partant de la côte, et ce n'était pas une entreprise facile. Il fallait compter avec les obstacles de tout genre, et surtout avec l'hostilité non déguisée de Stanley contre les missionnaires français. C'étaient là ces intrus dont il voulait se défendre, ces témoins de son œuvre qu'il fallait éloigner, ces patriotes que son cosmopolitisme redoutait. Ajoutez à cela le climat meurtrier, les tribus voyant avec défiance et pour la première fois des Européens, les nécessités de se ravitailler et de se défendre contre les fauves, la route inconnue, le fleuve inclément secoué parfois d'épouvantables tempêtes, la marche à travers les forêts, les montagnes et les rivières, l'œil et l'oreille ouverts contre les surprises des bêtes et des hommes, les nuits passées sous la tente, quand on pouvait la dresser, et le reste. A chaque instant les porteurs, qui n'avaient jamais quitté le littoral, tentaient de s'enfuir en voyant, avec terreur, le missionnaire s'avancer de plus en plus vers l'intérieur. Ce qu'il a fallu de courage, de constante énergie, d'invincible force morale pour vaincre de pareils obstacles est inconcevable. Le Père Augouard les surmonta et le drapeau français flotta pour la seconde fois au lieu qui devait être Brazzaville.

M. de Brazza l'y avait montré une première fois, en passant et en revenant de l'Ogoué. Mais il n'y avait rien installé ni établi. Peut-être y avait-il laissé des souvenirs peu agréables? Nous ne savons. En tous cas, l'accueil que le missionnaire y reçut fut loin d'être plein de cordialité. Pourtant le P. Augouard put y étudier l'emplacement d'une première mission.

Cela fait, il revient à la côte, et le voyage de retour se fait avec les mêmes difficultés. Il rêve de reprendre le chemin de la nouvelle mission. Mais on est pauvre. On n'a rien pour payer des porteurs, se faire une pacotille d'objets d'échange, pour solder les frais de péage aux tribus dont on doit traverser le territoire ; rien pour faire les frais d'un premier établissement. Il faut retarder. Entre temps et pour occuper son activité dévorante, le Père Augouard fonde, à l'embouchure du Congo, une mission, qui, par l'acte de Berlin de 1884, appartient actuellement aux Portugais.

Enfin, en 1883, le Père Augouard part avec deux missionnaires. L'aviso *le Sagittaire* le conduit jusqu'au pied des cataractes. Ici, il faut reprendre la route à pied, et ce sont, pendant des centaines de kilomètres, des sentiers de vingt-cinq à trente centimètres de large, soit au milieu d'herbes hautes de trois mètres, soit dans la forêt mystérieuse dont les énormes lianes servent de balançoires aux hommes fatigués. Le pied se heurte aux souches qui sourdent du sentier mal aplani ; on glisse sur l'argile que l'ombre impénétrable des grands bois ne laisse jamais sécher. Les montées sont rudes pour les hommes ; les descentes difficiles. Des arbres monstrueux entravent la marche. Des rivières la barrent qu'on traverse en entrant dans leur lit. Une chaleur torride provoque d'effrayants orages. La fièvre, l'insolation dans la brousse, la dysenterie guettent l'Européen, qu'importe ! De temps en temps on rencontre un serpent boa, dont les porteurs se partagent et mangent les tronçons, un serpent cracheur qui vous lance son venin dans les yeux et vous aveugle pour quelques heures. On croise les sentes des

grands fauves et on traverse les villages noirs.
Tel est l'aspect général des routes à l'intérieur
de l'Afrique. Quand Mgr Augouard aura
modifié son itinéraire et ira de Loango à
Brazzaville, il n'y aura que cet itinéraire de
changé, les difficultés resteront les mêmes.

M. de Brazza avait promis d'arriver en
même temps que les missionnaires, Il n'arriva
qu'en 1884. En l'attendant il fallait se débrouil-
ler. Pour ne pas compromettre la situation
dont il avait préparé la solution à son premier
passage, le Père Augouard recula alors de
vingt-huit kilomètres et s'installa à Linzolo, au
sein d'une population agricole et pacifique.

Une maison est aussitôt bâtie par les Pères.
Des murs de briques séchées au soleil, une
charpente primitive, une couverture en feuil-
les, quatre cellules, dont l'une sert de cha-
pelle, et un hangar pour les enfants noirs habitués à coucher en plein air. Dans chaque
cellule, quatre piquets soutiennent une toile
qui sert de lit sur lequel on se couche sans se
déshabiller, — une installation, en somme,
rudimentaire et destinée à se défendre contre
l'invasion des bêtes nocturnes, — ou des ver-

mines, — fourmis qui dévorent tout ce qu'on laisse sur le sol, jusqu'aux souliers, moustiques qui sucent le sang, tiques s'introduisant sous les ongles des pieds. Rudimentaire aussi la nourriture : les œufs des poules, le lait des chèvres, quand on a des poules et des chèvres ; les légumes du jardin, quand les hippopotames ont bien voulu ne pas venir les dévaster ; les produits de la chasse, produits aléatoires, depuis le rôti de singe jusqu'au filet d'hippopotame ; pas de vin — le peu qu'on a est gardé pour la messe et les malades, — mais de l'eau du fleuve à trente degrés, impure, souillée de tous les détritus qu'il entraîne. Pas de pain, mais des boules de manioc, pétries par des femmes indigènes, qui, pour donner à leur marchandise un aspect plus séduisant, crachent sur les boules préparées et les polissent avec la main. Heureusement que le feu purifie cette préparation peu ragoûtante.

L'école fut également instituée, car l'école est le premier soin des missionnaires. Grâce à leur connaissance de la langue indigène, l'institution est relativement facile. Ce n'est

que lorsqu'on remontera au-dessus de Brazzaville qu'il faudra apprendre des dialectes nou-
veaux. Mais à Linzolo, les premiers résultats
sont consolants. Les enfants accourent, des
défrichements sont opérés ; mais la vie matérielle devient difficile et la mission tombe
bientôt dans la plus affreuse misère. Il faut
des efforts d'imagination pour se figurer ce
que doit être la misère dans de pareilles contrées.

Enfin, en 1884, M. de Brazza arrive. La
situation va s'améliorer, et, de leur côté, les
missionnaires ont déjà singulièrement écarté
les difficultés qu'il aurait pu rencontrer.
Grâce à eux, son rôle est plus facile et de nombreux et importants services lui sont rendus.
Il s'en montre reconnaissant d'abord. Si, plus
tard, il eut l'étrange idée de créer au Congo
des écoles musulmanes et d'y introduire l'élé-
ment arabe, le plus redoutable des dangers
au point de vue de la traite des esclaves, à
ce moment de 1884, il sentait tout le bien que
lui avaient fait les missionnaires. Il fut pour
quelque chose dans les premiers subsides que
le gouvernement accorda alors au Père Au-

gouard pour ses œuvres éminemment françaises.

Celui-ci, en effet, était revenu en France et avait obtenu quelques secours. Il ne fit que toucher barre. L'Afrique le rappelait. Son zèle l'emportait de nouveau. Il revient à Brazzaville, passe le fleuve, remonte à cent quatre-vingts kilomètres plus loin et fonde la mission de Cassaïe. Cette mission ne devait pas nous rester. Elle a été, depuis, cédée aux Belges, sur les vives instances du roi Léopold, jaloux du succès des missionnaires français.

C'est à cette époque que le Père Augouard procède au montage de son bateau, ce fameux bateau en fer le *Léon XIII*, qui depuis a aidé les agents français en de nombreuses circonstances et a servi à créer tout le long de l'Oubanghi, alors inconnu, les missions qui existent actuellement. Construit en France, fabriqué par petites tranches de trente kilos, ce qui constitue la charge d'un porteur, ce bateau fut porté à tête d'homme, pendant les cinq cent cinquante kilomètres qui séparent Loango de Brazzaville, à travers les chemins que l'on sait. Arrivé à destination, il fut ras-

semblé, boulonné, lancé. Les missionnaires
s'ingénient et font tous les métiers. Que de fois,
lorsqu'on manquait de munitions, les Pères
n'ont-ils pas fait des cartouches avec de vieilles boîtes de conserves ! Rien ne doit se
perdre en de tels pays et tout s'utilise. Le
Léon XIII navigua d'abord à la voile. Plus
tard on y ajouta une machine à vapeur,
transportée et montée dans les mêmes conditions. Grâce à ce perfectionnement, le
Léon XIII pourra remonter l'Oubanghi pendant plus de seize cents kilomètres au-dessus
de Brazzaville, non sans dangers de toutes
sortes. Les hippopotames eux-mêmes ne sont
pas toujours d'humeur pacifique et l'un d'eux,
un jour, perça d'un coup de mâchoire la coque
en fer du bateau de la mission.

Nous retrouvons notre ami Makosso. Il
s'était chargé du transport de la machine. On
lui donna des verroteries et un complet européen, gibus compris. Sa fierté s'en accrut et il
mit la chemise par-dessus le pantalon, flot-
tante. C'était bien plus convenable, à son avis,
et bien plus joli.

Enfin, en 1888, la mission de Brazzaville

étant définitivement fondée, il faut aller plus loin. En 1889, on remonte d'un seul bond jusqu'à six cents kilomètres et on crée la mission de Saint-Louis de l'Oubanghi. Un des spectacles qui y attendaient les Pères fut celui d'un noir mangeant une cervelle d'homme dans le crâne qui lui servait d'assiette. La création présentait des difficultés nouvelles, on pénétrait de plus en plus dans le pays anthropophage. La viande humaine y est de commerce courant, celle des enfants surtout. La chair en est plus tendre. On y apporte d'ailleurs des raffinements. On expose toute une nuit dans l'eau du fleuve, après lui avoir brisé les bras et les jambes, l'esclave destiné à la boucherie. Puis on le tue. La chair en est, paraît-il, plus attendrie et elle se dépouille plus aisément.

Il est facile de saisir la désolation des Ballalis, ouvriers indigènes des environs de Linzolo que le Père Augouard emmenait avec lui. Le soir, ceux-ci se réunissaient, après le travail, pour chanter et danser, pendant que le poète de la troupe chantait leurs appréhensions. Elles cessèrent bientôt. Une large trouée fut faite dans la forêt vierge ; une dizaine de bâtiments provisoires s'élevèrent ; un port fut creusé dans le roc, à l'aide de la dynamite. Les achats d'enfants par les missionnaires commençaient.

Le fleuve est le grand moyen de transport. Les villages sont établis le long de ses bords, autant que possible près d'une berge à pic. Un fossé profond, doublé d'une énorme palissade, les protège du côté de la terre. Les communications sont assurées par des perches percées de trous et le long desquelles il faut grimper en s'aidant des mains et des doigts de pied. La nuit, les perches sont retirées. Les besoins de vivre et de manger créent entre les villages une guerre perpétuelle. Il faut se défendre. Malgré tout, que de villages pris et brûlés où les visiteurs ne rencontraient que des cases en cendres et des cadavres à demi carbonisés qu'on n'avait pas eu le temps de dépecer !

Ce n'est que postérieurement qu'un poste français vint s'établir à côté de la mission Saint-Louis de l'Oubanghi. Là encore, comme en bien d'autres circonstances, la civilisation catholique précédait et préparait la civilisation politique.

En 1890, le Père Augouard, épuisé par la dysenterie, revint en France.

Le Congo français avait été érigé en vicariat apostolique dès 1887. Mais l'éloignement des missions fondées par le Père Augouard ne permettait pas à Mgr Carrie une administration facile. Celui-ci demanda au gouvernement français le partage de son vicariat, et le gouvernement consentit d'autant plus volontiers qu'il avait pu apprécier tous les services rendus à la France par les diverses missions. Le Père Augouard fut nommé évêque et le nouveau vicariat eut en partage tous les territoires de l'intérieur à partir de Brazzaville, avec cette localité pour capitale : un diocèse à lui tout seul grand comme deux ou trois fois la France, avec des parties inexplorées et complètement inconnues, et qui s'étend, immense, d'après les dernières conventions de 1894, jusqu'au Nil, d'un côté, jusqu'au lac Tchad, de l'autre.

Celui qu'on appelle « l'évêque des anthropophages » songea immédiatement à l'agrandis-

sement de sa mission bienfaisante. L'éducation
des enfants noirs achetés aux peuplades cannibales ne suffisait plus à Mgr Augouard. Ce
n'était pas assez d'arracher à la voracité des
peuplades de l'intérieur de pauvres enfants destinés à être mangés. Une fois adultes et sortis
de la mission, il fallait songer à les établir.
Leur acheter des femmes était bien. Leur
donner en mariage des femmes élevées comme
eux dans les écoles françaises était mieux.
On pouvait songer ainsi à créer des villages
chrétiens, groupés autour de la mission. Une
modification s'imposait. Des religieuses, appar-
tenant à l'Ordre de Saint-Joseph de Cluny,
furent appelées à Brazzaville.

Lorsque Mgr Augouard, dans une entrevue
préparatoire, parla aux religieuses de l'Ordre
de Saint-Joseph de Cluny des dangers qui les
entoureraient au Congo, la supérieure fut
épouvantée. — « Monseigneur, s'écria-t-elle,
vous faites le tableau trop noir. Personne ne
voudra partir ! » La supérieure se trompait.
Précisément parce que les dangers étaient
grands, l'émulation fut remarquable. Trente-
deux religieuses demandèrent à former la

mission nouvelle. Il fallut réfréner ce merveilleux élan, au fond duquel était le sacrifice de la vie, sacrifice complet et sans arrière-pensée. Quel est donc le missionnaire qui s'en va avec l'esprit de retour ? Le Père Dubois, tout jeune, dans la force de l'âge et la vigueur de sa jeunesse, parti le 10 janvier 1895, avec Mgr Augouard, ne s'écriait-il pas, quelques jours à peine avant de partir : J'espère bien ne pas revenir !

Admirable élan de la foi, holocauste superbe qu'on fait de soi-même, abnégation où entre plus d'amour de Dieu qu'espérance d'une autre vie ! Voilà ce qu'on rencontre chez ces hommes, jeunes encore, pour qui l'existence serait heureuse et facile partout ailleurs que là où ils aspirent à la sacrifier. Non moins admirable cet oubli de soi-même, de la part de femmes à qui, pour mille raisons, les mêmes dangers sont beaucoup plus redoutables. Une des religieuses, partie en 1892, est morte à Brazzaville. Cela n'empêcha pas d'autres religieuses de partir en 1895, pour aller compléter et renforcer la mission.

Oh ! ce voyage de Loango à Brazzaville !
Les sœurs sont arrivées le 22 juillet 1892 à
Loango. Elles en repartent le 24. Le por-
tage se fait en hamac, tant que le terrain n'est
pas rendu trop glissant par une pluie fine qui
tombe tous les soirs. Bientôt il faut marcher
à pied. Les porteurs rechignent, les charges
sont un peu lourdes et sur le parcours que
doit suivre la caravane, une femme noire
vient d'être emportée par un tigre. On décide
de coucher dans les villages. Mais ce qu'on
décide ne s'accomplit pas toujours. L'immense
plaine coupée de bosquets qui va de Loango à
la forêt de Mayombo est traversée en deux
jours. Il en faut quatre pour traverser la forêt
et le massif montagneux qu'elle couronne ;
quatre jours, dont un dimanche, pendant
lequel la messe est dite sous l'ombrage des
grands bois silencieux. La marche reprend.
Les sœurs, armées d'un bâton, vont presque
toujours à pied : le terrain est mauvais, les
pentes dangereuses, les chutes fréquentes.
Au passage d'une rivière, une des religieuses
tombe de son hamac dans l'eau. La mère
supérieure est très fatiguée : une autre sœur

est prise d'un accès de fièvre. Des missions fondées par Mgr Carrie, des postes français sont sur le chemin ; on s'y repose, non sans inquiétudes ; quelques jours auparavant, les Ballalis avaient fait mine de se révolter et Linzolo avait été privé de son marché de manioc, poules, chèvres, etc. On n'a pas de nouvelles ; qui sait ce qu'on va trouver en arrivant, quoique ce ne soit pas aux Pères que les Ballalis en veulent ? Néanmoins la gaîté française ne perd pas ses droits.

La bonté non plus. Sur le parcours, l'étonnement des noirs est extrême de voir des femmes blanches. On accourt pour les contempler. Des femmes apportent, sans demander de rémunération, des arachides, des ignames et des bananes. De leur côté, les sœurs distribuent des perles de verroterie, appellent et caressent les petits enfants. Leur gaîté, leur bonne grâce, leur courage impressionnent. La nouvelle de leur voyage se propage avec cette rapidité prodigieuse avec laquelle les noirs savent se renseigner. A leur arrivée à Brazzaville, des noirs sont accourus de tous côtés pour voir les femmes blanches.

Les blancs leur font fête et pour que la récep-
tion soit complète, on a trouvé le moyen de leur
préparer et de leur faire cuire un peu de pain,
c'est-à-dire ce qui constitue, dans le pays noir,
le luxe suprême, le luxe invraisemblable : du
pain !

Leurs cases étaient prêtes. Entre temps
Mgr Augouard avait construit sa cathédrale, et
quelle cathédrale ! Des murs en briques, un
pavé en bois, des voûtes en planches ; un
clocher de vingt mètres, surmonté de la croix
et du drapeau français. Le jeune duc d'Uzès
avait, à son passage, donné deux verrières.
L'ordre des avocats de Poitiers en a donné une
autre, en 1894. Cette verrière a été faite,
avec beaucoup de talent, par un poitevin,
M. Guéritault, et représente saint Nicolas, le
patron des avocats, comme l'est aussi saint
Yves.

La mission des sœurs est vivement peuplée.
Des petites filles sont amenées ; des Pères font
des excursions à l'intérieur pour acheter des
esclaves, qu'ils ramènent ; esclaves un peu
sauvages, inabordables parfois, avec lesquelles
il était difficile de se faire comprendre. La dou-

Cathédrale de Brazzaville, d'après une photographie.

ceur des sœurs en vient cependant à bout. Tout se tasse à la fin et tout irait bien sans les orages dont les sœurs sont effrayées. Il y a de quoi. Récemment encore, une tornade épouvantable a enlevé la toiture de leur maison. On juge leur émoi. Mais ce sont là des choses que les Pères considèrent comme de petits accidents. Tout est relatif, en effet, et d'autres dangers les entourent.

Revenons un peu en arrière. Mgr Augouard est sacré en 1890. Il part le 10 mars. 1891. J'ai l'honneur de l'accompagner jusqu'au bateau qui le doit emporter, en rade de Pauillac, et je ne le quitte qu'au premier tour d'hélice. Notre séparation est singulièrement émue. Sur le bateau, avec lui, se trouve le Père Fort, qui devait bientôt mourir au centre de l'Afrique, et un frère, puis des fonctionnaires très gais et dont la gaîté devait vite disparaître au premier coup de lame. On n'est pas, en effet, plutôt arrivé en face de Royan qu'une tempête s'élève. Le bateau jette ses ancres. Des deux ancres jetées, l'une se brise. Le bateau reprend la mer en tenant tête à la vague. On arrive enfin à Loango. Mgr Augouard part presque

aussitôt pour Brazzaville, le 4 mai 1891. La
fièvre le force à revenir en arrière. Un peu
remis, il reprend la route de l'intérieur. Les
porteurs, voulant lui faire fête, imaginent,
la nuit, un grand tam-tam avec danses. L'é-
vêque sort et confisque le tam-tam. Plus loin,
alors qu'il dormait dans son hamac, une rivière
est rencontrée. Mais il ne faut pas réveiller
Monseigneur, on passe doucement. La rivière
est profonde et tout d'un coup l'évêque se
réveille avec les pieds et la tête seulement hors
de l'eau. Naturellement, la fièvre redouble.

En attendant l'expédition qu'il rêve dans le
haut Oubanghi, Mgr Augouard prépare l'installation des sœurs qui doivent venir, et l'édi-
fication de sa « cathédrale ». Des arbres sont
coupés dans la forêt, débités et transportés à
dos d'hommes. Une briqueterie est établie. Mille
à quinze cents tuiles sont fabriquées par jour.
Mais avant qu'on ait eu le temps de les porter
au four, et lorsqu'il y a des réserves considérables, un orage arrive qui délaye le tout. C'est
à recommencer. On veut établir une scierie
hydraulique. Le travail est énorme ; on s'y
reprend à plusieurs fois et le succès est insuf-

fisant. Il faut se débarrasser alors de la masse d'eau accumulée en prévision de la scierie. Un canal de déversement est creusé, mais l'eau capricieuse préfère s'en aller en emportant avec elle une colline de sable. Toutefois la cathédrale s'élève rapidement. Le courage, la persévérance, la vaillance des Pères sont admirables.

Ne croyez pas qu'au milieu de ces travaux matériels l'œuvre de christianisation soit abandonnée. Loin de là. De temps en temps un Père pénètre dans les tribus de l'intérieur. Il emporte avec lui une réserve de barrettes, fils de cuivre tantôt courbés en u, tantôt roulés en quatre spirales, pas une de moins, pas une de plus, qui sont la monnaie du pays, suivant les villages. Puis, après avoir jeûné plus souvent qu'à son tour, sué sous le soleil et sous la pluie, grimpé sur les sommets, dévalé le long des pentes, traversé les rivières et les marécages, échappé aux sagaies des sauvages, après s'être dérobé à leurs appétits surexcités par la douceur de sa peau, — il a la peau fine, le blanc, et sa « viande » doit être savoureuse, — après avoir été arraché aux embuscades, il revient avec sa cargaison. Ce sont de pauvres enfants, la plupart du temps maigres, décharnés ou malades, où d'autres engraissés pour la boucherie. Et cela augmente le personnel de la mission. Ils y retrouveront la santé et la sécurité, et, avec cela, l'amour du pays franc qu'ils répandront autour d'eux, quand ils seront, adultes, établis dans les villages voisins.

Pendant ce temps, les explorateurs se succèdent. En 1890, Crampel part du Loango, passe à Brazzaville, remonte l'Oubanghi, qu'il abandonne au-dessus de Banghi pour marcher vers le lac Tchad, au nord. MM. Lauzière, Orsi, Biscarrat, Nebout l'accompagnent. Lauzière et Orsi meurent en route. Des difficultés de transport forcent Crampel à fractionner ses forces. Il marche seul en avant, avec un guide, le Targui Ischekkad, qu'il avait amené et qui devait le trahir. Son espérance était de rencontrer une peuplade de noirs musulmans qu'on lui indiquait et où il trouverait des ânes porteurs, afin de continuer son exploration. Attiré dans une embuscade, il est tué à coups de couteau, ainsi qu'un de ses hommes, et achevé à coups de fusil. Son corps dépouillé de ses vêtements, entièrement ouvert, est traîné et abandonné dans la brousse. Quelques-uns de ses Sénégalais qui veulent se défendre sont tués. Les porteurs sont faits prisonniers et amarrés. Crampel avait vingt-sept ans. Ceci se passait au mois de mai 1891.

Encouragés par le succès du meurtre de Crampel, les noirs songent à son compagnon, Biscarrat. Le 25 mai, à huit heures du matin, ils l'attaquent. Avant d'avoir pu se défendre, il est frappé d'un coup de couteau, puis criblé de balles à bout portant. Ceux de ses hommes qui font mine de résister sont tués. Les autres restent en liberté sous bonne garde. Un d'eux cependant réussit à s'enfuir. Il avertit M. Nebout, resté en arrière et qui, trop faible pour venger la mort des deux explorateurs, est obligé de se replier sur l'Oubanghi.

En juin 1891, on apprend à Brazzaville l'échec d'une autre mission, la mission Fourneau. M. Fourneau remontait la Sangha, rivière qui se jette dans le Congo, entre Brazzaville et Saint-Louis, à la recherche d'un chemin à travers l'Adamaoua, vers la Benoué, qui se jette dans le Niger. Attaqué et blessé, il fut obligé de redescendre.

M. Nebout arriva le 14 juillet 1891 à Brazzaville. Ce fut, croyons-nous, Mgr Augouard qui apprit, le premier, le désastre de la mission Crampel. Le lendemain, 15 juillet, M. Nebout est abordé par Dybowski. Ce dernier était chargé d'une mission d'exploration dans l'Afrique centrale, dans le but de trouver une route vers le Chari, un des affluents du lac Tchad, et de mettre en communication notre colonie du Congo et notre colonie du Soudan. L'annonce de la mort de Crampel modifia tous les plans. Il ne s'agissait plus que de retrouver les restes du malheureux explorateur.

C'est ce que Dybowski tenta de faire et il rencontra peu de choses en vérité, des objets de peu d'importance ayant appartenu à la mission. Ni le corps de Crampel, ni celui de Biscarrat ne furent retrouvés. On exhuma, sans en être très sûr, le corps de Lauzière, — la tête manquait, — et Dybowski l'expédia à Brazzaville au milieu d'un tas de collections de singes, d'oiseaux et d'insectes. Une leçon fut infligée à une peuplade musulmane surprise la nuit et voisine du lieu où Crampel a été assassiné.

Dybowski, malade, revient à Brazzaville et cède sa mission d'exploration à Maistre, qui pénètre dans l'intérieur, est attaqué traîtreusement, a de la peine à se dégager et finit cependant par atteindre la Benouë et, de là, le Niger.

De son côté, le lieutenant Mizon entreprenait de remonter le Niger et la Benouë, non sans difficultés. Il part en 1891, dans l'intention de rejoindre Crampel et de trouver une route vers l'Oubanghi. Les agents de la Compagnie anglaise, établie au Niger, la *Royal Niger Company*, agissent envers lui avec une duplicité sans exemple. Elle se sait détestée des pays qu'elle exploite outrageusement et craint l'influence française. Tout en protestant de son désir d'aider M. Mizon, il n'est pas d'obstacles qu'elle ne lui crée. Au dire de celui-ci, elle aurait tenté deux fois de le faire assassiner. C'est miracle qu'une fois il ait échappé, le bras cassé d'un coup de feu, à une de ces tentatives. Néanmoins il peut remonter

la Benouë jusqu'à Yola, où il reste plusieurs
mois, et détruire les préventions que les Anglais, par une série d'abominables calomnies,
ont élevées contre lui. Il passe un traité avec
le sultan de Yola, puis, remontant la Benouë,
traversant l'Amadaoua, en protestant des in-
tentions pacifiques de la France, reçu partout, grâce au sultan de Yola, presque comme
un triomphateur, il rejoint sur la Sangha
M. de Brazza, qui entreprenait, en sens contraire, le voyage que Mizon venait d'accomplir. M. de Brazza lui a-t-il pardonné de l'a-
voir prévenu ?

M. Mizon retourna au Niger ; il y traita
avec le sultan de Mouri et fonda à Mouri et à
Yola des factoreries françaises. Malheureuse-
ment, par une convention anglo-allemande
où la France ne fut pas appelée à intervenir,
malgré les droits que lui avaient créés les
traités passés par Mizon, l'Angleterre mit la
main sur les territoires que celui-ci par son
courage et sa persévérance croyait nous avoir
définitivement acquis.

L'expédition, durant le cours de laquelle
M. de Brazza avait rencontré Mizon, était

commencée au mois de janvier 1892, au moment où ce dernier continuait et terminait la sienne. Il s'agissait de prévenir les explorateurs allemands. Le petit vapeur *le Courbet*, transportait M. de Brazza et ses hommes. Ce vapeur devait, finir par se perdre dans un naufrage, avec tous les documents qu'il contenait. M. de Brazza, dans cette expédition, ouvrit des routes stratégiques, établit des postes, bâtit un pont et fut obligé de faire pendant de longs mois avec les indigènes une guerre de surprises et d'embuscades, établissant l'influence française, jusqu'au moment où la convention franco-allemande du 4 février 1894 lui enleva une partie de ses conquêtes.

Il avait cependant trouvé le moyen d'établir un mode d'élevage de bestiaux, de petites colonies militaires nées des mariages de miliciens libérés et de femmes indigènes, de créer des voies de communication et des marchés et de traiter avec les émirs mahométans de l'Amadaoua, tout en s'entendant avec les anthropophages fétichistes.

C'est le 5 avril 1892 que Mizon, dans sa

traversée pacifique, avait rencontré M. de
Brazza. C'est au mois de décembre de la même
année qu'éclata la guerre faite à M. de Brazza
par les fétichistes, guerre qui ne se termina
qu'au mois de décembre de l'année suivante.

Entre temps, un des compagnons de M. de
Brazza avait poussé jusqu'à Yola, où il était
arrivé dans le plus grand dénuement et où
l'agent de la compagnie anglaise avait refusé
même de lui vendre des vivres. Le sultan de
Yola, travaillé par les Anglais, fut loin de
montrer les mêmes dispositions bienveillantes
qu'à M. Mizon.

Enfin, le jeune duc d'Uzès essaya, lui aussi,
de venger Crampel. On sait comment il revint
mourir à la côte en vue du vaisseau qui devait le rapatrier.

Chose singulière, sauf Mizon, les explorateurs ne parlent pas des missionnaires. Pourquoi ? Ils ont été cependant en rapport avec
eux, les lettres de ceux-ci en font foi. Je laisse
l'explication de ce fait à la sagacité des lec-
teurs. Egalement dévolue à leur sagacité, la
cause déterminante des attaques dont les
explorateurs ont été victimes. Est-ce la cupi-

dité ? La mission Crampel était relativement pauvre à l'heure de la catastrophe et ce que possèdent les missions pourrait exciter les mêmes désirs. Comment se fait-il que, dans des parages si voisins, l'accueil soit si différent ? Sans doute les Pères courent des dangers, mais leur attitude sait les prévenir ou les atténuer. Est-ce que ces meurtres tiennent à l'esprit musulman des peuplades nouvelles qu'on traverse ? Mais M. Mizon a traversé, en disant des paroles de paix, des pays complètement musulmans. Il est vrai que M. de Brazza n'eut pas la même tranquillité. Mais ce furent les anthropophages fétichistes et non les peuplades musulmanes qui lui firent la guerre. Ne faut-il pas attribuer ces désastres à des causes accessoires ? — La trahison du guide de Crampel en est une. Résolve la question qui pourra. Nous nous bornons à la poser.

Mais les missions déjà fondées ne suffisent plus à Mgr Augouard. Au delà de Saint-Louis de l'Oubanghi se trouvent des tribus plus féroces encore que toutes celles qu'on a rencontrées, des villages où la guerre est toujours prévue, où les hommes sont toujours armés de sagaies et de boucliers, et parfois cuirassés de peau d'éléphant. Au dire de M. Dolisie, dans chacun de ces villages on tue deux ou trois hommes par semaine. C'est de ce côté qu'il faut aller, et on part sans épouvante, tranquillement, avec cet incroyable courage de gens qui ont fait le sacrifice de leur vie.

Le 13 janvier 1893, Mgr Augouard et le P. Remy partaient pour le haut Oubanghi, sur une canonnière du gouvernement, *le Djoué*. Les canonnières du gouvernement ne sont pas ce qu'il y a de meilleur dans la marine coloniale. On s'en apercevra bien tout à l'heure. On traverse le Pool, grand lac « que forme le Congo avant de s'élancer en cataractes jusqu'à la mer ». C'est le Père Remy qui raconte le voyage, un voyage qui durera plus d'un mois, parce qu'on remonte le courant du fleuve. Chaque soir, on s'arrête pour couper le bois nécessaire au chauffage de la machine. Le trajet se fait lentement, tant bien que mal. Un jour, c'est une tornade qui fait sombrer la pirogue que le bateau traîne après lui. Un autre jour, une fausse manœuvre jette le bateau dans les arbres du rivage. Le capitaine, contusionné, est renversé sous le gouvernail, Mgr Augouard est blessé au côté et le P. Remy reste suspendu par les pieds aux branches d'arbres. Il est dépendu, les avaries sont réparées, on repart et on dépasse successivement le pays de Bakekès, celui des Bayanzis et les agglomérations des Bolobos. Tous les dimanches, Mgr Augouard dit sa messe à bord, servie par un enfant noir qu'on a emmené de Brazzaville.

La canonnière remonte péniblement le fleuve capricieux, aux crues qui atteignent quatre ou cinq mètres. Aussi, les villages sont-ils perchés à l'abri des hautes eaux. Les moustiques deviennent abondants, presque innombrables. De temps en temps un cadavre frôle le bateau en descendant le courant, les bras liés derrière le dos, les jambes repliées et ligaturées. C'est un homme sacrifié à la divinité, avant les entreprises de chasse. Néanmoins, il faut boire et on n'a que l'eau du fleuve qui, à la rencontre du Congo et de l'Oubanghi, est sale et noire. De temps en

temps on échoue sur les bancs de sable et on
s'en dégage comme on peut. Des troupes
d'hippopotames sont rencontrées, qui plongent
et ne laissent voir au-dessus de l'eau qu'une
pointe d'oreille et un petit œil scrutateur et
inquiet. Le fleuve est également peuplé de
crocodiles.

L'équipage du bateau n'est pas ce qu'il y a
de mieux. Outre les quinze noirs, il y a cinquante soldats sénégalais, pillards et gour-
mands, qu'on conduit aux postes du haut
fleuve. L'un d'eux, dans une nuit, avait mangé
à lui tout seul un porc de moyenne grosseur.
Etait-il bien seul ? Leur besoin de chaparder
ne respecte rien et les missionnaires ont de la
peine à défendre leur dîner contre une voracité
qui, entre les soldats, suscite des batailles.

Enfin, on arrive chez les Bondjos, les plus
féroces des hommes. Ce sont eux qui tiennent
le pays depuis au-dessous la mission de Saint-
Louis jusqu'au point, encore indéterminé, où
Mgr Augouard va chercher la place d'une nouvelle mission ; le lieu où, l'année précédente,
le chef du poste français avait été mangé, est
dépassé et les premiers villages fortifiés sont

signalés. Sur le bord du fleuve, la berge est taillée à pic; un très grand fossé où l'eau arrive quand le fleuve monte entoure le village, une palissade à pieux très serrés le protège encore. Les hommes sortent toujours armés, même dans les rues de l'agglomération, au milieu des femmes et des enfants qui disparaissent dès qu'un meurtre est projeté. Le village n'est relié au dehors que par des troncs d'arbres encochés d'entailles. Nous avons déjà signalé ce genre de fortifications.

C'est que le besoin de se défendre prime tout, là où les besoins de chair humaine rendent les attaques fréquentes. Si la guerre n'est pas toujours déclarée, elle est toujours latente. Toute occasion est bonne.

Une fois, lors d'une expédition dirigée par un de nos postes contre les Bondjos qui avaient tué et mangé deux soldats noirs, des centaines d'indigènes suivirent l'expédition, se précipitèrent sur les cadavres pour les découper, et vinrent en faire cuire les morceaux pantelants, même aux feux allumés par les blancs !

Dans un de ces villages, le Père Allaire, un

missionnaire, avait failli être mangé. Il y était entré pour acheter des cabris, et il y avait fait l'échange du sang. Chacun des deux contractants se fait une égratignure au bras ; on frotte les blessures l'une contre l'autre et la paix est signée, paix souvent violée d'ailleurs. Pendant que le Père discutait et se débattait contre l'astuce des noirs, le chef le palpait et faisait part de ses impressions. — « Le Blanc, c'est bon, disait-il, presque pas de peau, tout graisse. » Ces paroles sont entendues de l'interprète, qui s'éclipse sans avertir le Père. Tout à coup les femmes et les enfants disparaissent. Le Père, étonné, regarde, aperçoit un noir qui ajuste avec sa sagaie un des deux soldats sénégalais qui l'avaient accompagné ; l'autre avait filé avec l'interprète. Il lève son fusil pour épouvanter l'assaillant, mais la sagaie, déjà lancée, frappe et blesse le soldat. Le chef pousse dans le vide, — on était sur le bord du fleuve, le Père et le soldat.

— Le Père roule dans une anfractuosité de la berge et s'y blottit, pendant qu'une grêle de flèches et de sagaies tombe autour de lui.

L'attaque, au bout de quelques instants, semble s'apaiser ; le Père Allaire avance la tête. A quelques pas de lui, un noir, glissant dans les herbes, s'apprêtait à lui lancer une sagaie. Ils ont, les noirs, pour cela, une grande habileté. On voit du *Léon XIII*, le noir meurtrier et une balle l'étend raide mort. La position est intenable et la situation ne peut se prolonger. Le Père se jette à la nage, au milieu d'une pluie de flèches dont aucune ne l'atteint. Il arrive au bateau, s'y hisse et y retombe épuisé, au moment même où l'équipage terrifié allait l'abandonner.

De nombreuses pirogues se mirent bien à la poursuite du *Léon XIII*, mais elles furent bientôt distancées.

Cette longue route faite depuis le 13 janvier 1893 ne nous mène encore qu'à la station de Saint-Louis de l'Oubanghi. Tel est, dans ses grandes lignes, ce voyage de six cents kilomètres, avec ses péripéties et ses dangers. Les péripéties sont variables, mais les dangers restent les mêmes. Ce sont les éléments, les bêtes et les hommes, plus redoutables que tout le reste. Mgr Augouard ne s'était pas embarqué que pour venir à Saint-Louis. Il fallait aller plus loin.

Là canonnière est abandonnée, les rapides ne permettent plus de s'en servir, et une baleinière est armée. On avance tout le jour, et le voyage est pénible à cause de la position assise qu'on est obligé de garder. Un banc de sable sert d'arrêt pour la nuit. La tente y est dressée, la cuisine y est faite et des sentinelles, fusil au bras, veillent autour du camp. On est même obligé de les doubler, de peur des surprises. Enfin, après vingt-sept jours de voyage, un emplacement est choisi, sur une rive escarpée. Ce sera la mission de Saint-Paul des Rapides.

Le retour s'effectua plus rapidement et commença le 19 février. On ramenait onze enfants achetés aux cannibales, et au prix de quels marchés parfois ? Deux petites filles et un garçon sont échangés contre un fusil à pierre qui ne part qu'au quatrième coup, après essai. Le vendeur, un petit chef bondjo, qui répond au doux nom de Mokofi, paraît le plus satisfait du monde. Pour le prouver, il confie aux Pères deux de ses enfants, à condition qu'on les ramènerait. Mais si Mokofi était content, les enfants n'étaient guère rassurés, et il fallut du temps pour les apprivoiser. On y arriva cependant.

Les missionnaires n'ont pas abandonné leurs projets et la mission a été fondée au milieu d'immenses difficultés et d'inconcevables obstacles. L'idiome était inconnu ; il fallait l'apprendre et il change de tribu à tribu. Les ouvriers étaient, dans leurs travaux, protégés par d'autres ouvriers armés. L'audace des Bondjos est extrême et ils n'hésitent pas à se glisser la nuit jusqu'aux postes des blancs. L'un d'eux excita une émotion considérable parce qu'on le surprit, en plein poste français, se préparant à couper le cou à une femme qui s'était endormie près du feu, au lieu d'aller dormir dans les cases.

Les créations de missions se succèdent. Si 1893 voit naître Saint-Paul des Rapides, 1894 a vu fonder la Sainte-Famille, à 400 kilomètres plus loin. On dirait que les distances ne comptent pas, que ce n'est rien de les franchir et qu'un voyage de vingt-sept jours pour aller à Saint-Paul, d'un mois et plus pour se rendre à la nouvelle mission de la Sainte-Famille est presque chose agréable. On a vu ce qu'il en est.

La Sainte-Famille est fondée chez les Banziris, peuplade moins cruelle que les Bondjos, sans cependant cesser de l'être, et vivant presque exclusivement en pirogue. Ils font les transports à travers les Rapides, devenus nombreux à cet endroit. Leur costume est fait d'écorces d'arbres. Les femmes sont peu ou point vêtues. Les enfants pas du tout. La coquetterie n'y perd rien. Hommes et femmes se remplissent la chevelure de dessins variés formés avec les petites perles blanches qui servent de monnaie. Quelquefois même, les femmes portent de faux cheveux ; les hommes sortent armés de boucliers, de sagaies et de couteaux de jet.

A sa rentrée au Congo, Mgr Augouard, en 1895, a fondé une mission nouvelle, à 700 kilomètres plus loin, à Yakoma, non loin de l'embouchure de la rivière d'où Crampel s'élança vers le Tchad et à proximité de cette tribu des Boubous, qui avaient mangé M. de Poumayrac, dont la mort a été vengée par le duc d'Uzès. M. de Poumayrac a trouvé, depuis, des imitateurs.

La mission nouvelle est donc à deux mille neuf cents kilomètres de la côte.

Ainsi, en quelques années, sans compter les deux missions cédées aux Portugais et aux Belges, nous voyons Mgr. Augouard créer successivement Linzolo, Brazzaville, Saint-Louis, Saint-Paul des Rapides, la Sainte-Famille et la mission de Yakoma. C'est par bonds de 600 kilomètres qu'il procède d'abord. Puis les peuplades qu'il traverse deviennent de plus en plus sauvages. L'anthropophagie y règne en maîtresse. Les tribus ont leur boucherie hebdomadaire d'hommes qu'elles engraissent, et qui doivent être mangés et qui le savent. Du vivant même des victimes, les acheteurs marquent à l'aide de lignes blanches les parties qu'ils se réservent et que les femmes découperont plus tard avec habileté. C'est l'horrible dans la cruauté. Alors Mgr Augouard multiplie ses missions. Le voilà au centre géométrique de l'Afrique. C'est peu de chose pour des hommes à qui des voyages de six cents kilomètres sont familiers. Et il va toujours, ayant fait le sacrifice de sa vie pour Dieu et pour sa patrie, car sa patrie est une de ses grandes amours.

Même quand Mgr Augouard n'aurait fait que suivre l'établissement des postes français, son action aurait été singulièrement efficace et autrement agissante. Les moyens d'action ne sont pas les mêmes. Là où le poste français ne peut exister que militairement et dans un but de protection des intérêts matériels, le missionnaire voit plus loin et fait davantage. Il est le pacificateur et l'éducateur. On sait qu'au rebours de certains explorateurs, il apporte des idées de justice et de bonté. C'est quelquefois un juge et un arbitre. On l'appelle dans les discussions de village à village ou d'homme à homme, et ce n'est pas le code qui le guide, mais la vraie notion qu'il a de la justice. Il est éducateur. Nous le verrons tout à l'heure en indiquant un croquis de ce qu'est une mission au cœur de l'Afrique. Il est propagateur, en même temps, par son inébranlable activité à pénétrer dans les marchés d'esclaves, au milieu des peuplades les plus féroces, pour arracher au cannibalisme les pauvres enfants qui y sont destinés.

Qu'on ne s'imagine pas qu'une mission soit un lieu de délices, ou un palais. On se tromperait fort de le croire. Sauf les jours de liesse que donne la mort d'un hippopotame, d'un éléphant ou d'un bœuf sauvage, les autres jours risquent fort d'être de jeûne. Et encore les éléphants sont rares ; les bœufs sauvages sont dangereux à tuer et se défendent jusqu'au dernier souffle, et les hippopotames ne sont pas gibier quotidien. Mgr Augouard en a tué, en dix-sept ans, quarante et un, pas plus, c'est-à-dire qu'en ayant tiré davantage, c'est le chiffre exact d'animaux de ce genre qui soient rentrés à la mission. Il est vrai qu'au dire du P. Remy un hippopotame donne cinq à six mille kilos de viande. C'est quelque chose pour le personnel de la mission. Mais ce personnel est nombreux et mange bien. Il mange même considérablement, avec cette élasticité d'estomacs habitués à des jeûnes nombreux et à des abondances éphémères, élasticité qui fait naître la stupéfaction chez les Européens témoins de cette facilité pour l'engloutissement. La pintade, qu'on tue le soir, lorsqu'elle se rend pour manger dans les champs de manioc, est réservée au blanc, ainsi que le singe. Celui-ci d'ailleurs est devenu méfiant ; on le serait à moins, et les chasseurs de la mission doivent user pour l'approcher d'une audace extrême et d'une agilité surprenante. On ne peut guère plus le tirer que de haut en bas et en grimpant sur les arbres voisins. Il se venge en dévastant les plantations de caféiers, tandis que de leur côté, la nuit, les hippopotames font des excursions dans le jardin potager.

Ce dernier ne donne pas toujours les résultats qu'on en attend. Sous l'influence de la chaleur et de l'humidité, les légumes montent avec une rapidité prestigieuse. Il faut réprimer cette activité et arriver à temps pour recueillir les fruits du travail des jardiniers. En dehors des viandes de chasse, il reste les œufs des poules, le lait des chèvres, la chair des cabris. Quelquefois les panthères et le serpent boa viennent faire leur choix dans le troupeau, et, quand le boa est tué à temps, les noirs se régalent non seulement du boa lui-même, mais même des cabris qu'il n'a pas encore digérés. Qu'on s'étonne après cela que, dans certains cas, les noirs manifestent un goût marqué pour les crapauds du voisinage et que les Pères redoutent la famine pour leurs enfants. C'est elle pourtant qui les guette. Que le gibier devienne rare,—il y a des jours où il l'est, — qu'une alerte se produise dans un des villages voisins et amis où s'approvisionnent les Pères de la mission, et voilà les marchés suspendus jusqu'à ce que les longs palabres des chefs aient réglé les causes de l'alerte. Ça dure des semaines, quelquefois, ces palabres. Et cette famine dont je parle apparaît menaçante. S'il en est ainsi dans les vieilles missions entourées de villages familiarisés, qu'est-ce que ce sera dans les missions nouvelles, au milieu de sauvages aux mœurs atroces et aux habitudes défiantes ?

Comme boisson, l'eau du fleuve. Comme assaisonnement, le sel et le poivre apportés d'Europe et transportés à tête d'homme, et l'huile de palme qui a le goût de savon de Marseille. Il paraît qu'on s'y accoutume.

Le confortable n'est guère connu. Des

cases pour les blancs, et des hangars pour les
noirs. Le palais épiscopal n'est que la cellule
d'une case divisée en compartiments et dont
beaucoup de nos paysans ne voudraient pas.
Pour lit, une toile sur quatre piquets. Pour
meubles, de quoi suspendre les effets et les
armes. Il faut avoir les armes sous la main.
Il y a quelque temps, un Père, la nuit, entend
secouer violemment sa porte. C'était une panthère qui avait passé sa patte dans le vide
existant entre la paroi et la porte et qui cher-
chait à l'ouvrir. Je laisse à penser dans quelle
sécurité d'esprit le Père passa le reste de la
nuit.

La clientèle de la mission est diverse. Outre
les Pères et les frères, il y a les enfants,
achetés aux marchés d'alentour, puis les
ouvriers de la mission et tous les hommes que
celle-ci emploie à des titres divers. Ce n'est
pas chose facile que de nourrir tout ce monde,
et souvent la ration doit être réduite. Clientèle peu docile parfois et qu'il faut tenir. Les
enfants sont quelquefois sauvages et d'une
intelligence bornée, les hommes sont réfrac-
taires au baptême, ne voulant pas renoncer

Maison d'habitation des Missionnaires, d'après une photographie.

à la polygamie. Inutile de dire qu'il n'y a pas de femmes à la mission.

Toutes les heures de la journée sont réglées. De quatre heures et demie du matin à huit heures et demie du soir, la journée des Pères est prise et chacun a ses occupations déterminées. Pas une heure de loisir, mais souvent des travaux supplémentaires, les surcharges occasionnelles qu'amènent les événements. Il faut mettre les travailleurs à l'ouvrage, donner les rations au cuisinier, veiller à la porcherie, quand il y en a, au poulailler, à l'étable des cabris, promener les enfants, leur faire deux classes par jour, soigner ceux qui sont malades, distribuer des pagnes, préparer, visiter ou faire rentrer les récoltes. Dans tout cela il faut trouver le temps de dire sa messe, de lire son bréviaire et de réciter les prières. Pas un moment de perdu. « Les temps libres sont occupés par la fièvre. » Avec cela on se couche harassé, pour recommencer le lendemain. A moins qu'un ordre ne vous envoie soit à l'intérieur, soit le long du fleuve acheter des enfants sur les marchés de viande humaine.

Brazzaville n'est pas une ville comme les

nôtres, il s'en faut de beaucoup. Le poste français qui y est établi n'est pas toujours en sûreté, et lors d'une révolte des Ballalis, le commandant du poste est venu demander l'hospitalité aux Pères. Cela se passait au mois d'avril 1889 et est assez significatif. Pourquoi les Pères étaient-ils respectés lorsque les soldats du poste étaient attaqués ? En d'autres temps, on reçoit à la mission d'étranges visites. Le tigre, — c'est la panthère proprement dite, — y vient de temps en temps. Un enfant a été enlevé récemment. Du côté du fleuve, les dangers ne sont pas moindres et de nombreux crocodiles y vivent comme une incessante menace.

Les terrains compris dans la mission de Brazzaville sont relativement considérables. On peut prendre à même. La terre, comme les bois, sont choses *nullius.* Ils n'appartiennent à personne, et nul ne s'étonne de voir enclore un morceau de terrain ou abattre un carré d'arbres. La paresse native des noirs n'y voit pas un attentat, et en quoi cela choque-t-il leur indolence ? D'ailleurs il y en a pour tout le monde ; mais il faut défricher et vivre de privations jusqu'à ce que ça rapporte quelque chose et même quand ça rapporte. Si on disait, en France, aux écoles socialistes : voilà les forêts de l'Etat, vous allez les mettre en culture, on vous les donne gratis, il est probable que leurs partisans reculeraient devant la dureté du travail. Il est bien plus attrayant de prendre aux particuliers des terres toutes préparées et en plein rapport, des usines toutes montées, des mines outillées d'avance. Les Pères de l'Oubanghi ne se refusent pas au travail. Faire reculer la forêt sombre, défoncer le terrain, planter des arbres fruitiers du pays, multiplier les légumes, manioc, maïs, arachides, haricots, etc., n'est pas une petite affaire. La propriété est entourée de grandes allées plantées d'arbres. Il y a une vallée de bananiers en plein rapport. Mais tout cela ne s'obtient pas sans de rudes labeurs. Quand on a à peine fini à Brazzaville, à peine commencé à Saint-Louis et à Saint-Paul, il faut recommencer à la Sainte-Famille et à Yakoma. Malgré toutes ces richesses, ceux qui se figureraient que les Pères vivent dans l'abondance se tromperaient singulièrement. Ajoutez qu'il faut que les Pères fassent tous les métiers, jardiniers, maçons, scieurs de long, charpentiers, briquetiers, menuisiers, forgerons, mécaniciens, et tout cela, dans les conditions les plus difficiles du monde, dans une installation incomplète, avec des outils souvent primitifs. Ne faut-il pas apprendre aux noirs comment on travaille et enseigne-t-on autrement que par l'exemple ?

Si actuellement l'organisation paraît à Brazzaville relativement aisée, il n'en est pas de même dans les missions d'une date plus récente. Quand on fonde une mission, le premier soin est de bâtir la maison, l'église et l'école. Quelle maison, quelle église et quelle école ? On le devine. Voit-on bien ce qu'on peut élever, non pas de luxueux, mais simplement de confortable, dans le pays des Boubous, par exemple, et dans la mission projetée de Yakoma, qui s'appellera l'Immaculée-Conception et est à deux mille neuf cents kilomètres de la côte ? A ce point on n'arrive qu'en pirogue depuis Saint - Paul des Rapides, c'est-à-dire qu'il y a près de neuf cents kilomètres à faire dans des troncs d'arbres creusés, où l'eau embarque à chaque remous des rapides, et les rapides sont nombreux et les remous sont dangereux ?

A quoi bon le luxe de l'habitation, luxe impossible à réaliser ? Comme ailleurs, le palais épiscopal n'est qu'une simple case et l'église elle-même n'est guère mieux partagée. On retrouve, là, la simplicité et l'égalité évangéliques. Les Pères ne sont pas logés autrement que leur évêque. Pourquoi des recherches? Le corps fatigué dort bien sur la toile tendue sur ses quatre piquets. L'avenir est incertain autant que le présent menaçant. Menaçant, il l'est en effet ! Un peu au delà de Yakoma, et il y a quelques semaines à peine, un poste composé de vingt soldats vient d'être surpris, massacré et mangé.

Lors de la création d'une mission, les Pères vivent six ou huit mois au milieu des dangers les plus effrayants, de ces dangers qui provoqueraient chez nous des épouvantes, à cause de l'inconnu de leur heure et de leur nature : surprises de la nuit, toujours à redouter, embuscades et assassinats. Autour des travailleurs de la mission, il y a toujours des noirs

qui rôdent, prêts à profiter du premier moment d'inattention et à sagayer l'imprudent
qui se hasarderait hors de la ligne de protection. L'admirable sérénité avec laquelle les
Pères bravent ces dangers est le plus merveilleux des courages. Peu à peu cependant,
à mesure qu'ils sont plus connus, qu'on a pu
apprécier leur douceur et leur dévouement
pour les malades, un apaisement se fait et
une tranquillité relative s'établit. Il ne faut
pas trop s'y fier, cependant. La chair du blanc
exerce toujours sur le noir une puissante at-
traction.

On ne se figure pas ce qu'il faut de connais-
sances diverses pour être missionnaire, et un
bachelier ferait, probablement, un détestable
apôtre. Le missionnaire doit être une encyclo-
pédie vivante, un encyclopédiste qui travaille de ses mains, applique ce qu'il sait et
l'enseigne aux autres. Faire le professeur de
langue française, apprendre à des enfants la
langue de ce pays de France pour qui ils
s'éprennent d'un violent amour, est un jeu
auprès du reste. La mission créée, il faut la
faire accepter à l'extérieur et la peupler à

l'intérieur. De là le double rôle du missionnaire, qui, à peine établi, court les villages
environnants pour y acheter des enfants
esclaves.

Diplomates modernes, Machiavels ou Talley-
rands européens, je voudrais vous voir aux
prises avec l'astuce du noir. Sa duplicité tromperait vos combinaisons, et il se joue là des
comédies surprenantes. N'est-ce point dans ces
pays noirs qu'une mère ou prétendue mère
mima devant un Religieux, acheteur d'un
enfant, la tragédie du désespoir ? Un cadeau
sécha ses pleurs. Le fait fut immédiatement
connu et, de suite, tous les enfants achetés
trouvèrent des mères désolées et consolables.
Chacun d'eux même en trouva plutôt deux
qu'une.

Mais ce qui facilite le marché, c'est la cupi-
dité enfantine du noir. Il sait bien le prix des
choses, et il ne sait plus celui des choses dont
il a envie. Son désir l'emporte. Quelquefois on
a un enfant pour un vieux fusil à pierre et
quelques charges de mauvaise poudre où il
entre quatre-vingt pour cent de charbon :
d'autres fois pour un objet qui nous est vul-

gaire et leur paraît rare. Un jour, un jeune garçon fut cédé contre une bouteille vide. Généralement l'acquisition se fait avec la monnaie du pays, barrettes de cuivre, coquillages ou perles de verroterie, et le prix varie suivant l'âge, la santé, l'état de maigreur ou de gras du bétail humain mis en vente, entre cinquante sous et cinquante francs. Le prix moyen est trente à quarante francs. Les femmes sont plus chères, surtout quand elles sont adultes. Lorsqu'on veut marier un enfant de la mission élevé et pourvu d'un état, il faut dépenser jusqu'à deux cents francs pour lui avoir une épouse convenable.

Les enfants ne viennent pas, on s'en doute un peu, tout seuls à la mission. Il faut aller les chercher, courir les villages de l'intérieur, pénétrer toujours plus avant dans des contrées parfois inexplorées. Les moyens de locomotion manquent ; il est besoin d'emporter de quoi manger, et pour ne pas être mangé soi-même, être armé afin d'en imposer aux noirs. Les peuplades les plus féroces sont naturellement celles où le butin sera le plus abondant ; ce sont celles-là qui sont recherchées, même quand aucun blanc n'a encore mis le pied sur leur territoire. Ce qui est peut-être un avantage, les explorateurs risquant de ne pas laisser toujours d'excellents souvenirs. Des Pères ont, en 1894, parcouru des régions où aucun blanc n'avait encore pénétré.

Et ce nesont pas seulement chez les peuplades de l'intérieur où ils s'aventurent, mais encore dans les villages plus nombreux, plus denses et non moins sauvages perchés le long des rives des fleuves inconnus. Il y a, en effet, de quoi chercher. Le Congo et ses affluents représentent environ vingt mille kilomètres dans leurs sinuosités mystérieuses et leurs détours encore indéterminés. Si on consulte, en effet, la carte de l'Afrique centrale, combien de ces fleuves existent, qui ne sont indiqués que par des lignes pointillées, ce qui signifie un cours non encore précisé ? Combien d'autres ne sout pas portés, qui ont leur nom et leur importance? Ne savons-nous pas que, sur le seul parcours de Loango à Brazzaville, il ne se passe guère d'heure où ne se rencontre un cours d'eau plus ou moins important ? Si ce n'est qu'un ruisseau, on le passe en y entrant, ou assis à

califourchon sur le dos des noirs. Si le ruisseau subit une crue, on attend qu'il soit rentré
dans son lit. Si le fleuve est trop grand, on
cherche un gué ou des pirogues. Quelquefois,
les noirs ont établi un pont singulier. Une
liane est jetée d'un bord à l'autre. D'autres
lianes formant garde-fous sont reliées à la
ligne centrale par un réseau d'autres lianes
plus petites. On dirait d'une longue, longue
barcelonnette. Et cela oscille en tous sens et se
dérobe sous le pied. Imaginez qu'on marche sur
une toile mal tendue se balançant elle-même
à un centre d'oscillation. Les noirs porteurs
préfèrent parfois passer à travers le fleuve.

On comprend que ce soit le long de ce
réseau puissant de fleuves que sont établis les
plus grands marchés d'esclaves. Les villages
sont importants, et si importants qu'ils soient,
il arrive que, d'un voyage à l'autre, on ne les
retrouve plus. La guerre sauvage les a détruits
et brûlés. Le premier soin des missionnaires
est de s'entendre avec le chef, et d'y faire,
s'il y a lieu, l'échange du sang. Nous avons
dit en quoi cet échange consistait. Les missionnaires jettent, en passant, un coup d'œil

sur les charniers. Le charnier est indicateur du degré d'anthropophagie du village. Chaque chef tient à honneur de conserver les têtes des hommes qu'il a mangés, et les chefs riches se font une gloire de manger tous les jours de la « viande qui parle ». Quant aux autres ossements, on ne sait ce qu'ils deviennent. On ne les voit jamais. Ils se retrouveront plus tard, à la vallée de Josaphat, malgré les mille transformations que la nature et le temps leur auront fait subir. Mais jusqu'à présent les missionnaires n'ont su les découvrir. La graisse humaine est mêlée parfois à l'huile de palme, et les missionnaires sont exposés à être anthropophages malgré eux. Quand les pourparlers commencent, on se fait des cadeaux et tout le monde se tutoie. Puis on amène les enfants. Non pas des enfants gras gardés pour la boucherie, mais des enfants souvent maigres, malingres, estropiés. Si les noirs s'aperçoivent qu'ils sont achetés de préférence, ils arrangent volontiers la marchandise au gré de l'acheteur. Puis, le marché fait, chacun se retire de son côté, emportant les produits échangés.

Ce n'est pas sans quelque regret que le noir voit le blanc s'éloigner. S'il osait, on devine ce qu'il ferait, mais il n'ose pas. Les fusils du blanc l'intimident. Ils arrêtent le jet des sagaies, le tir des flèches à pointes de fer dentelées, l'action des larges couteaux recourbés, que les noirs tiennent dans des mains qu'on sent frémissantes, cependant qu'ils dissimulent les petites flèches empoisonnées, barbelées à leur extrémité, toutes en bois, longues de trente centimètres à peine et grosses chacune comme une forte allumette de la régie. D'autres aussi ont du regret de voir partir le missionnaire. Ils ont fondé sur lui une espérance de salut. Ce sont les enfants déjà gras et destinés à la boucherie prochaine. Quelle fatalité pèse sur eux ? Pourquoi n'ont-ils pas été compris dans le marché ? Pourquoi d'autres enfants emmenés et non pas eux ? Les blancs n'ont-ils pas dit qu'ils venaient pour donner la liberté et la vie, — toute la vie, la vie matérielle et la vie éternelle, — à ceux qu'ils emmenaient ? Quel avenir pour ceux qui restent et quel désespoir ! D'aucuns n'y résistent pas et avant que le *Léon XIII* ne se soit éloigné, se jettent à la nage et le rejoignent.

Ces enfants acquis après débats dans les villages ne sont pas les seuls quelquefois que les missionnaires ramènent. Il s'est produit, depuis un an, un fait extraordinaire et intéressant. Des chefs de tribus et non des moins féroces, de celles qu'on trouve, Bondjos, Banziris et Boubous, entre Saint-Paul et Yakoma, n'ont pas craint de confier leurs propres enfants aux missionnaires, à condition qu'on les ramenât.

Et on les a ramenés, non pas au bout de six mois, comme on l'avait promis, les circonstances s'y étaient opposées, mais au bout d'un an. En les donnant aux blancs, la confiance des noirs n'avait été que relative. En les revoyant, leur joie fut touchante. Tous les villages se mirent en fête pour célébrer le retour de ceux qu'on croyait mangés. Hommes et femmes se précipitèrent. On entoura les missionnaires et les enfants qu'ils ramenaient. La transformation qu'avait produite chez eux une année passée à la mission provoquait l'étonnement. D'autres enfants sont promis.

Détails significatifs : sur la prière des enfants ramenés par la mission, les crânes humains ont disparu des palissades où ils étaient exposés, et, d'eux-mêmes, les hommes ont délaissé leurs sagaies et leurs flèches. C'est par des indigènes sans armes que les missionnaires sont reçus.

L'enfant noir, à la mission, est l'objet de soins constants ; sa vie est réglée ; on lui apprend le français et la musique, pour laquelle il a une aptitude particulière. Ce n'est pas une petite joie pour les explorateurs, quelquefois devenus des sceptiques raisonnés, d'entendre, le dimanche, à plusieurs milliers de lieues de la Patrie, les cantiques qu'ils chantaient eux-mêmes dans leur enfance. Un attendrissement les gagne, auquel ne sont pas étrangers les missionnaires eux-mêmes, si habitués qu'ils soient. L'étude du français n'est pas le seul travail enseigné aux enfants. Il s'agit de leur apprendre un métier dont ils puissent vivre et on le fait. L'enseignement est multiple. La mission est, à la fois, une école proprement dite, une école professionnelle et une école agricole. Inutile de dire que les principes qui la dominent tiennent de l'esprit catholique et de l'amour de la France. M. de Brazza semble ne l'avoir pas compris, quand, dernièrement, il rayait d'un coup de plume les subventions données aux établissements des missionnaires. Il est vrai que M. de Brazza a dépensé des sommes considérables pour essayer de créer des écoles musulmanes. Il sait pourtant bien, il ne peut pas ne pas savoir que les Arabes sont nos adversaires les plus irréconciliables dans le centre africain et les partisans les plus irréductibles de la traite des esclaves.

L'éducation de l'enfant noir n'est pas toujours facile. Ses trois grands vices, ceux qu'il tient de l'atavisme, de l'éducation première, des exemples reçus, sont le vol, la gourmandise et un autre qu'on devine. Ce qui rend plus difficile encore la victoire, c'est l'inconscience du noir. Il ne s'imagine pas que de voler, que de manger outre mesure soit un mal, à moins qu'il n'en meure. Un enfant expira, un jour, dans ces conditions, ayant encore entre les dents une banane qu'il n'avait pu finir d'engloutir. Comment faire pénétrer dans ces esprits obscurcis la notion d'une morale dont ils n'ont pas même l'idée et dont aucun exemple ne leur a été donné ? Par quel moyen créer une conscience, pour ainsi dire, nouvelle, dans des âmes rebelles forcément à la concevoir ? La vie du noir, pour ne parler que de la gourmandise, n'est qu'une série de famines et de festins. Elle tend tout entière à cet état de béatitude rare d'avoir un « ventre qui craque ». Celui qui voudra leur enseigner qu'il y a autre chose que la vie matérielle, qu'en dehors des choses concrètes de l'existence, il y a les abstractions de la vie surnaturelle, ne risque-t-il pas de n'être pas compris ? Surtout si à la résistance obstinée de l'élève s'ajoutent les difficultés d'un idiome qui ne peut qu'incomplètement exprimer ce qui se passe dans les régions de la pensée pure. Les missionnaires y arrivent cependant, et ce n'est pas une de leurs plus petites victoires.

Vers l'âge de dix-huit ans, environ, quand l'enfant de la mission est apte à se conduire seul au point de vue chrétien, et à gagner sa vie au point de vue matériel, on lui bâtit une case dans un village voisin. Cette case est plus confortable, mieux aménagée que celles des indigènes. C'est déjà quelque chose pour l'installé et n'est point sans effet sur l'esprit des autres noirs, qui s'aperçoivent de l'avantage qu'on a à être l'ami des blancs, — de certains blancs, s'entend, de ceux qui apportent la paix et non de ceux qui tirent des coups de fusil. Puis l'individu installé, pourvu d'une habitation et d'un métier, on lui achète une femme et on bénit le mariage.

Ces mariages mixtes ne laissaient point les Pères sans appréhensious. Si dégradé que soit le rôle de la femme dans le centre de l'Afrique, celle-ci, surtout quand elle est unique épouse, avait ou pouvait avoir une certaine influence sur l'esprit de son mari. Nécessairement, la plupart du temps, elle était païenne, et elle apportait dans le ménage des instincts, des habitudes, des traditions qui retrouvaient, dans le cœur du mari, des échos qui n'étaient quelquefois qu'assoupis. Si le nouveau marié était d'une nature faible, d'un catholicisme tiède, il était à craindre qu'il ne retournât à ce paganisme facile pratiqué par

4*

sa femme, d'autant plus qu'il n'exige pas d'efforts. C'est le retour simple à la nature avide et brutale. Dans le cas contraire, il pouvait y avoir diminution de ses ardeurs chrétiennes, abaissement dans son énergie morale. Néanmoins, malgré ces craintes, les villages créés autour de la mission, à l'aide de ces mariages mixtes, ont donné des résultats satisfaisants. Peut-être aussi ces résultats tenaient-ils à ce que la femme, heureuse de la situation relativement supérieure qui lui était faite auprès d'un mari chrétien, en était reconnaissante à sa manière.

C'est pour remédier à ces inconvénients que des religieuses furent amenées à Brazzaville, afin de donner des épouses chrétiennes à des époux chrétiens. D'un autre côté, c'était une tentative de réhabilitation et de relèvement de la femme africaine, traitée comme une bête de somme, et soumise à tous les travaux les plus pénibles que met à sa charge l'indolence calculée du maître. De cette théorie que la femme est une espèce de bétail, la polygamie découle. Plus on a de femmes et plus elles font de travail. C'est au troupeau de femmes noires qu'échoient les corvées de toutes sortes. Aussi n'est-il pas rare de les voir, à l'approche signalée de caravanes, s'enfuir dans les forêts, de peur d'un travail supplémentaire qu'elles ne sauraient éviter.

Au fur et à mesure qu'on avance dans le centre de l'Afrique, la cruauté du noir, sa brutalité, sa décrépitude morale et physique s'accentuent. Races déchues, frappées, par suite de leurs habitudes de cannibalisme, d'abominables et répugnantes maladies, avec le corps couvert de plaies hideuses et la figure pleine de boutons purulents. Bondjos anthropophages, Bouzerous abrutis, belliqueux et voleurs, enlevant les hommes et les femmes pour les manger, Banziris, navigateurs habiles, plus doux, mais de mœurs plus dépravées, ou Addas toujours en guerre avec les tribus voisines : tous adonnés aux habitudes les plus féroces, l'esprit fermé à tout ce qui n'est pas la satisfaction des appétits : voilà les peuplades où, héroïquement, les missionnaires vont planter le drapeau de la France et la croix du Christ. Une d'elles a fait des démarches pour provoquer l'établissement d'une mission sur son territoire.

On comprend quel doit être le sort des femmes en face de maîtres sanguinaires qui ne se sont réservé, en fait de travail, que celui de la chasse, et encore le plus rarement possible. D'ailleurs elles sont aussi cruelles que leurs maris, et quand un esclave ou un ennemi est tué, ce sont elles qui en découpent les membres, avec une sorte de joie féroce et une habileté sans égale.

L'ogre du petit Poucet voulait de la chair fraîche. Les cannibales ne tiennent que médiocrement à cette qualité. Dans un des derniers voyages de Mgr Augouard, un homme meurt. Ils lui demandent son corps « qui n'est plus bon à rien ». D'ailleurs tout leur est agréable, même les cadavres qui roulent dans le fleuve, sous une chaleur de cinquante degrés qui hâte les décompositions. « Ce n'est pas, disent-ils, l'odeur qu'ils mangent. Au reste, les blancs ne mangent-ils pas du fromage qui pue ? » Singulière réflexion, qui indique un raisonnement, puisqu'il y a comparaison, un certain fonds de bon sens et comme le réveil d'une conscience — inconsciemment troublée. — Se défendre d'un acte jusque-là considéré comme naturel marque déjà le pressentiment qu'on a que cet acte n'est pas irréprochable.

Ont-ils vraiment, ces noirs, conscience de l'horrible de ces festins de chair humaine ? Y voient-ils autre chose que ce que nous voyons nous-mêmes dans nos boucheries civilisées, le bœuf assommé, le mouton et le porc égorgés ? Font-ils entre celui qui tue et celui qui meurt un rapprochement qui équivaudrait presque à un retour sur soi-même ? L'homme qui lève le large couteau recourbé sur la tête de l'esclave courbé à ses pieds, a-t-il songé un instant que les rôles pourraient être intervertis ? Quelles idées traversent la cervelle épaissie de la victime future promenant pendant des jours, sur son corps, les marques de terre blanche indiquant les morceaux choisis par ses bourreaux ? Y a-t-il dans l'âme de ces êtres féroces comme une lueur d'humanité, l'écho lointain et vague d'une origine commune, le sentiment, même indécis, d'une fraternité violée, dans ce crime de Caïn provoqué, non plus par une passion violente, mais par un appétit bestial ? Qui pourrait le dire et qui oserait l'affirmer ? Quand un blanc reproche leur cruauté aux noirs, leur étonnement n'a pas de bornes. Un enfant noir, élevé depuis quelque temps à la mission, se montrait tout heureux quand il apprenait qu'on avait mangé de la viande humaine dans son village.

Il semblerait que les missionnaires perdraient leur temps et leurs fatigues en voulant catéchiser de tels hommes. Une seule fois, jusqu'à présent, nous apercevons une notion supérieure à celle de la satisfaction des appétits. C'est lorsqu'on sacrifie une victime en partant pour la chasse. Est-ce que la vieille malédiction qu'on dit peser sur eux depuis Noé a fait perdre aux noirs jusqu'au sentiment de la divinité ? Nullement ! mais combien dégénéré est ce sentiment ! Les noirs ont des fétiches et des sorciers. Ils ont même des épreuves ressemblant singulièrement aux épreuves judiciaires du moyen âge, épreuves difficiles pour ceux qui les subissent, surtout quand ceux-ci sont accusés d'avoir mangé l'âme d'un indigène, et de l'avoir fait mourir, par le fait.

Donc il y a une âme, et quelle âme ? Une

âme qu'on peut manger. Que nous voilà loin des conceptions de la philosophie spiritualiste ; plus loin encore du dogme chrétien. Mais cela suffira à nos missionnaires et ces vagues notions leur seront déjà un point d'appui. Combien cependant ne doivent-ils pas être épouvantés du chemin qu'il faut faire accomplir à ces esprits primitifs pour les amener jusqu'à eux, et quellessingulières réflexions ils doivent faire en voyant jusqu'à quel degré d'abrutissement conduit la seule religion naturelle ? Les philosophies anti-chrétiennes, les doctrines des loges maçonniques où entrent, étrange contradiction, les partisans les plus acharnés de la doctrine révélée, les Juifs, affectent de considérer la religion naturelle comme supérieure à tout. L'homme, disent-ils , doit être guidé vers Dieu par la seule raison. On voit où la raison seule a conduit les peuples noirs.

Et cependant il faut pénétrer chez eux, vaincre leurs défiances et mieux encore. La cruauté des peuplades anthropophages n'a d'égale que leur misère corporelle, résultat de l'abus de leurs vices. Alors les missionnaires se font médecins. Ils ne reculent pas devant ces plaies infectieuses ; ils n'hésitent pas devant ces purulences, non plus qu'à apporter aux mourants l'eau du baptême régénérateur: Si les noirs voient encore en eux un comestible rare et délicat, ils ne les reçoivent déjà plus en ennemis. Ils s'excusent quand ils lui ont tiré des coups de fusil et prétextent invariablement qu'ils pensaient tirer sur une caravane d'autres blancs dont ils auraient reçu des injures. Ce qui, d'ailleurs, doit être assez fréquent.

Cette différence qu'ils font indique déjà, chez les noirs, un fonds de raisonnement et d'attention. Leur habitude de se grouper en peuplades et en villages montre un instinct de sociabilité. Il serait curieux de connaître s'il y a entre ces villages et même entre les peuplades ennemies une sorte de règlement ou de droit des gens traditionnel, non écrit, mais transmis par la parole et conservé par l'habitude. Ces chefs convoqués en conférences appelées palabres, pour régler un différend, doivent avoir un code à eux. En vertu de quelle loi, après une guerre faite entre deux villages, ceux-ci se paient-ils quelquefois la valeur des morts qu'ils se sont faits ? Qui leur a appris à se signaler de loin, à l'aide de dents d'éléphant creusées et percées d'un trou latéral dans lequel on souffle, ce qui produit un son formidable, l'arrivée des événements qui les intéressent ? De sorte, par exemple, que l'arrivée d'une caravane est connue bien des jours avant qu'elle ne paraisse. Le cours des marchés est-il réglé ? L'idée de la propriété existe évidemment, puisqu'il y a achat et vente soit d'esclaves, soit d'ivoire ou d'autres marchandises, et que, pour transmettre ou recevoir quelque chose, il faut qu'il y ait appropriation primitive, dessaisissement et prise de possession par autre maître. Où le chef, qui tient en réserve pour trente ou quarante mille francs de dents d'éléphant, a-t-il pris la pensée d'entasser, d'économiser ? Décidément ces noirs seraient-ils moins loin de l'humanité qu'on serait tenté de le croire à première vue ?

Tous ces problèmes sont intéressants, mais s'effacent devant la férocité du noir, contre laquelle il faut se défendre et incessamment se prémunir. Quelles sont, d'un autre côté, les causes de l'influence du blanc dans le centre africain? La peur du fusil y est pour quelque chose. Cependant, malgré la stupéfaction que certains noirs éprouvent à voir les balles transpercer leurs boucliers, ils marchent tout de même en avant. Est-ce la peur proprement dite du blanc? Ils ne reculent pas devant une embuscade, une surprise, une attaque et un massacre. Voient-ils dans l'étranger un être porteur d'inventions mystérieuses et quasi surnaturelles ? Peut-être.

Si leur curiosité raille chez les missionnaires l'emploi des fourchettes, — dont eux, noirs, font des peignes, — et celui des mouchoirs, le son d'une cloche les épouvante. La cloche de 16 kilos, inaugurée le 15 août 1893, à Saint-Paul des Rapides, les met en fuite. « Ça fait trop de bruit et ça monte trop haut », disent-ils. Lors de la première exploration que Mgr Augouard fit dans le Haut-Oubanghi, tous les négrillons qu'il ramenait se jetèrent à l'eau, épouvantés par le premier coup de sifflet de la machine du *Léon XIII*. A plus forte raison les fusées et les pièces d'artifice éla-

borées par l'industrie des missionnaires pro-
duisent-elles un effet surprenant! Car les
missionnaires sont industrieux et se servent de
tout. On ne sait pas assez quels services peut
rendre, par exemple, une vieille boîte de conserves, soit transformée en cartouches, soit
servant de pelle pour enterrer dans le sable du
fleuve, ce qui est arrivé une fois, un pauvre
enfant mort pendant le voyage et le dérober
ainsi au cannibalisme des noirs qui n'auraient
pas manqué de le dévorer.

Les noirs ont aussi l'appréciation des faits.
Quand les blancs de Brazzaville négligent les
offices du dimanche, et quelques-uns ne s'en font
guère faute, les noirs savent bien en faire la
remarque. « Pourquoi, disaient-ils autrefois à
Mgr Augouard, veux-tu que nous allions à la
messe, puisque les blancs n'y vont point ? »
Et l'observation ne manquait pas de logique,
et quelle nécessité, en effet, de leur imposer
une obligation à laquelle les blancs n'hési-
taient pas à se soustraire ? A un certain point
de vue, les fonctionnaires coloniaux, et nous
n'apprendrons rien à personne en l'affirmant,
sont des obstacles pour l'évangélisation et la

civilisation des pays noirs. Heureux encore les missionnaires quand ils ne les trouvent pas directement et ouvertement opposés. Soit scepticisme ou indifférence, ils arrêtent ou annihilent les efforts, diminueraient même les résultats. Cette France pour laquelle les missionnaires éprouvent et savent faire naître autour d'eux un amour si vif, il semble qu'on la veuille faire moins aimer. C'est que le mode d'action n'est pas le même. A la place de ces idées de justice et de bonté, de ces exemples d'austérité et de moralité auxquels, malgré leur cruauté farouche, les noirs sont si sensibles et que leur donnent les missionnaires, les autres n'apportent que les habitudes de la vie gouvernementale et militaire. Ils représentent la répression et non la persuasion. Ils punissent, les autres enseignent, élèvent, soignent les malades et répandent autour d'eux les effets d'une civilisation bienfaisante. Qu'une injustice soit commise, qu'un châtiment soit immérité ou exagéré, et voilà l'œuvre des missionnaires entravée, pour quelque temps du moins. Entre les deux modes d'action, la comparaison n'est pas à faire. Elle est tout à l'avantage des missionnaires, et il est reconnu et indiscuté que ce sont eux les vrais civilisateurs des pays africains.

Non pas que tous les fonctionnaires coloniaux soient mauvais et apportent, dans leurs relations avec les missionnaires, un esprit de systématique hostilité. Ce n'est pas ce que je veux dire. Mais ils tirent quelquefois en sens inverse ou mettent des pierres devant les roues. Si bien raison qu'ils croient avoir, le résultat est quelquefois déplorable. Mais pour ceux qui sont bons, qui comprennent que la force vient de l'accord des forces et qu'il y a avantage à aider ceux qui font le plus et le mieux, combien sont mauvais ? Un procès récent, où Mgr Augouard était partie, a jeté une lueur vive, quoique fugitive, sur cet état de choses. Nous ne voulons pas insister (1).

Quoi qu'il en soit, et malgré les obstacles de

_____

(1) Un sieur Forget, employé au Congo et frappé d'une mesure disciplinaire, avait attaqué, dans les journaux, un administrateur, M. Dolisie. Mgr Augouard, intervievé sur ce sujet, avait été poursuivi en diffamation par M. Forget. Inutile de dire que ce procès fut pour Mgr Augouard une sorte de triomphe, et que la demande de son adversaire fut repoussée.

toutes sortes, Mgr Augouard et ses collaborateurs ont su obtenir des résultats surprenants. Voilà dix-huit ans bientôt qu'il a commencé son œuvre. Il a su, pendant ces dix-huit ans, pénétrant le premier, à partir de la côte, dans les profondeurs du continent mystérieux, créer des missions, bâtir des écoles, apporter ce qui était profitable de la civilisation européenne, dire à des milliers de noirs des paroles de justice et de bonté et parler la parole de Dieu. D'un certain nombre de ces misérables farouches, auxquels le sang humain était familier, il a su faire des chrétiens. Il a arraché des enfants à une mort épouvantable ; il prépare et a commencé la réhabilitation de la femme noire tombée dans un état de dégradation qui semblait irrémédiable.

Rien ne l'a arrêté. Rien n'a arrêté les missionnaires, ses compagnons de lutte émerveillés de sa foi et de son courage, et à qui, chose plus étonnante encore, leur propre courage paraît si simple. Les difficultés ne comptaient pas. Ni les montagnes escarpées, ni les fleuves capricieux, ni la menace permanente d'une mort les guettant à chaque coin de la brousse, ni la sagaie des noirs, ni les griffes des tigres, ni les longues famines supportées, ni les fièvres ou les maladies, ni les nuits passées sous la tente à la lueur des orages et dans le péril des embuscades n'ont entravé les hardis pionniers du Christ. Et ils vont toujours plus loin. On compte leurs étapes : Brazzaville, cinq cent cinquante kilomètres, Saint-Louis de l'Oubanghi, douze cents, Saint-Paul des Rapides, dix-huit cents, la Sainte-Famille, deux mille deux cents, l'Immaculée-Conception, deux mille neuf cents kilomètres, juste le centre de l'Afrique.

Qu'on prenne la carte africaine par le sens où on voudra, c'est le centre, le centre géométrique et le centre de figure. C'est là qu'à côté du drapeau glorieux de la mission, blanc à la croix bleue, Mgr Augouard a planté le drapeau de la France. C'est là qu'il va l'y assujettir et l'y établir définitivement.

Ne sont-ils pas vraiment admirables ces Français que guident et qui portent avec eux leur patrie et leur Dieu, qui sont notre patrie et notre Dieu aussi ? Explorateurs audacieux, chercheurs d'âmes, qui ont contribué à donner à la France un pays trois fois grand comme elle. Pour cela, quel sang ont-ils versé ? aucun. Quel sang aurait pu l'être ? le leur. La grandeur de leur œuvre comportait le sacrifice d'eux-mêmes, ils l'ont fait ; l'exil et les privations loin de la mère patrie, ils les ont subis ; l'arrachement douloureux du sein de la famille avec, en vue, le succès incertain et la mort possible : ils se sont arrachés aux leurs. Et quelle simplicité dans leur sacrifice ! quelle gaieté et quel courage dans leurs traverses ! quelle énergie et quelle ténacité dans leur œuvre héroïque! Héroïques ils le sont, ce sont des héros — et des héros volontairement obscurs. N'imaginez pas qu'ils recherchent l'éclat des triomphes retentissants et la gloire des renommées humaines. Leur cœur est plus haut placé, leur espérance infinie, la récompense qu'ils espèrent éternelle. Ce qu'il leur faut, c'est la joie du berger qui retrouve la brebis perdue et la rapporte à son Seigneur. Cette joie ne vaut-elle pas toutes les ivresses du monde ?

Poitiers. — Typographie Oudin et Cie.